Índice

Uma nota para os pais

Como pai de dois filhos, escrevi este livro para contar a eles a história do Salvador entrando no mundo.

Escolhi contar a história do ponto de vista de José e incluir algumas de minhas próprias reações às situações na narrativa.

Eu também queria criar uma maneira de contar aos meus filhos sobre sua família e sobre experiências que seus pais tiveram na vida. Para ajudar com isso, incluí perguntas após cada dia para envolver as crianças em conversas sobre suas vidas e as vidas de seus pais.

Que este livro os ajude a derramar amor em seus próprios filhos ou em outras pessoas em suas vidas.

Samuel Schaefer

Jornada
com José
No Advento

Samuel G. Schaefer
Ilustrado por Kyla Wiebe

Siretona
CREATIVE

Viagem com José durante o Advento © 2022 Samuel G. Schaefer
www.schaeferbooks.com/

Publicado por Siretona Creative • www.siretona.com

Schaefer, Samuel G., autor.
    Viagem com José durante o Advento / escrito por Samuel G. Schaefer; ilustrado por Kyla Wiebe

Versão em Inglês
    978-1-988983-55-4 (capa mole / brochura) 978-1-988983-66-0 (capa dura)
    978-1-988983-56-1 (eBook)

Tradução para o alemão por Johanna Wiebe
    978-1-988983-57-8 (capa mole / brochura) 978-1-988983-67-7 (capa dura)
    978-1-988983-59-2 (eBook)

Tradução para o ucraniano por Inna Dmytriieva
    978-1-988983-58-5 (capa mole / brochura) 978-1-988983-69-1 (capa dura)
    978-1-988983-60-8 (eBook)

Tradução para o russo por Inna Dmytriieva
    978-1-988983-61-5 (capa mole / brochura) 978-1-988983-68-4 (capa dura)
    978-1-988983-62-2 (eBook)

Tradução para o português por Herondina Gabriel
    978-1-998249-20-6 (capa mole / brochura) 978-1-998249-18-3 (capa dura)
    978-1-998249-19-0 (eBook)

Design do interior e layout por Julie Karen • www.juliekaren.com
Design da capa por Kyla Wiebe e Colleen McCubbin

Distribuído para o comércio pela The Ingram Book Company

Uma nota para as crianças

Todo mês de dezembro, muitas pessoas celebram - filhos, pais, amigos e conhecidos. Elas celebram algo especial que aconteceu há mais de 2000 anos. Nem todo mundo sabe como essa celebração começou, nem entende completamente o que ela significa. Algumas pessoas só comemoram porque todo mundo comemora.

Por isso, eu quero contar a vocês a história de como tudo começou e, mais importante, o que ela significa.

Felizmente, quando aconteceu, havia pessoas que mantiveram um registro e anotaram os detalhes. Como elas fizeram todo esse trabalho, podemos ler sobre isso quantas vezes quisermos. Dessa forma, não esqueceremos seu significado transformador e vivificante e poderemos ajudar uns aos outros a lembrar. Precisamos lembrar, especialmente esta história e muitas outras naqueles textos, que chamamos de Escrituras, porque elas estão nos dizendo algo que todos nós devemos saber e nunca esquecer.

Todos os dias, a partir de agora até o Natal, teremos uma pequena parte dessa história maravilhosa para você, com uma nota extra para você conversar.

CONVERSE SOBRE ISSO

Por exemplo, pergunte à pessoa que está lendo para você se há algo que aconteceu em sua vida que ela não quer esquecer. Peça-lhe para te contar essa história e ouça bem. Talvez alguém possa até escrever essa história para que você possa ler quando quiser e nunca esquecer.

José

Olá, eu sou José. Eu sou de um grupo de pessoas chamado tribo de Judá, na terra de Israel. Alguns dos meus antepassados foram grandes reis que governaram este país. Muitas pessoas ainda falam sobre esses reis e como esses dias foram bons. Eu não sou um rei como meus antepassados. A época em que alguém entre o meu povo foi um rei já se foi há muito tempo.

Agora, os romanos vieram para o nosso país! Eles são pessoas muito fortes e poderosas. Nós devemos ouvi-los e obedecê-los. Os romanos estão dizendo ao meu povo como devemos viver.

Eu sou um construtor. Eu construo casas e posso consertar coisas. Eu sempre tenho trabalho. Às vezes, gosto de pensar em como seria se eu fosse rei e não tivesse que construir casas. Mas esses pensamentos são perigosos agora. É melhor não contar a ninguém sobre eles. Devemos aceitar os romanos como nossos reis. Eu realmente não gosto disso, mas poderia ser pior.

Ah, adivinha só? Eu encontrei alguém especial com quem quero me casar. Ela é uma ótima pessoa. O nome dela é Maria, e só pensar nela faz tudo parecer melhor.

CONVERSE SOBRE ISSO

Você já passou por um momento difícil em sua vida?
Como você superou isso?
Talvez a pessoa que está lendo para você possa compartilhar sobre um momento como esse na vida dela.

Maria

Eu já te contei sobre Maria? Ela é um tesouro. Ela vem do mesmo povo que eu, o povo de Judá.

Vindo do mesmo povo significa que em uma certa altura no passado, tivemos o mesmo pai, e adivinha quem foi? Foi o grande Rei Davi, que era um excelente lutador. Porque ele confiava em Deus, ele lutou contra o gigante Golias. Naquela época, Davi era um rapazinho e ainda não era o rei. Mas o rei Davi viveu há muito tempo atrás e, portanto, Maria e eu não somos mais parentes tão próximos.

Na minha cultura, realmente ajuda se você quiser se casar com alguém do mesmo povo, porque os pais organizam o casamento e isso contribui para um acordo mais rápido. Eu tive que pedir aos meus pais para falar com os pais da Maria. Às vezes, o casamento é arranjado antes mesmo que o casal se conheça. É muito importante ter a bênção dos pais, caso contrário, isso perturba não apenas as famílias, mas também toda a comunidade em que você está vivendo.

Maria se importa com as pessoas e com o que acontece com elas. Ela é muito boa em entender como as pessoas se sentem e o que elas precisam. E ela faz uma sopa deliciosa! Eu estou muito feliz por estarmos oficialmente noivos e podermos nos preparar para nos casar.

CONVERSE SOBRE ISSO

O que você sabe sobre o tipo de família de seus pais?
Talvez a pessoa que está lendo para você
possa te ajudar a descrever.

Isabel

Maria acabou de sair para visitar algumas pessoas de sua família. Ela foi ver Isabel.

Maria disse que Isabel está esperando um bebê e que precisa de ajuda.

Isabel é casada com um sacerdote chamado Zacarias, que foi escolhido para fazer um trabalho muito especial para Deus. Ele foi autorizado a entrar no templo e estar na presença de Deus. Eu fico arrepiado só de pensar nisso. Pessoas morreram na presença de Deus. Uma vez, quando Zacarias voltou do templo depois de ter estado na presença de Deus, ele não conseguia falar uma palavra, ele perdeu a voz.

Bem, agora Maria está com Isabel, ajudando-a com o bebê. Não sei quanto tempo ela vai ficar por lá. Tudo o que sei é que Isabel não é mais jovem e ter um bebê na idade dela pode ser perigoso e exigir muita energia. Faz sentido que Maria queira estar lá para ajudar. Eu acho que é uma coisa boa. Maria aprenderá muito sobre bebês e poderá ouvir da própria Isabel. Esta será uma boa experiência para ela, porque nós também queremos ter filhos! Infelizmente, nossos filhos não terão permissão para trabalhar no templo, pois pertencerão ao povo de Judá. Mas, de qualquer forma, talvez isso seja uma boa coisa porque me parece que pode ser perigoso trabalhar no templo.

CONVERSE SOBRE ISSO

Peça à pessoa que está lendo para você que conte sobre alguns dos trabalhos especiais exercidos em sua família.

Maria Voltou

Maria está de volta. Eu fiquei surpreso ao vê-la. De repente, lá estava ela!

Mas algo havia mudado.

Enquanto eu a cumprimentava, Maria me contou sobre um milagre que aconteceu. Depois que Isabel teve o bebê e todos vieram ouvir o nome de seu filho, o marido de Isabel começou a falar novamente. Que surpresa! Zacarias não havia falado uma palavra desde que saiu da presença de Deus e agora ele consegue falar novamente. Aparentemente, Deus fechou a boca de Zacarias porque ele não acreditou no que um anjo disse a ele enquanto ele estava no templo. O anjo disse que Isabel teria um bebê e eles deveriam chamá-lo de João. Mas o marido de Isabel não acreditou, então Deus o impediu de poder falar.

Essa não é a primeira vez que um homem não consegue acreditar que sua esposa terá um filho. Há muito tempo, nosso antepassado Abraão recebeu uma promessa de Deus de que teria um filho e que, por meio desse filho, ele teria ainda mais descendentes do que as estrelas no céu. Foi uma jornada para Abraão acreditar que teria seu próprio filho. No final, Abraão acreditou tanto em Deus que estava disposto a devolver seu filho a Deus. Ele sabia que Deus poderia trazer seu filho de volta dos mortos para cumprir sua promessa.

CONVERSE SOBRE ISSO

Você acredita facilmente?
Talvez a pessoa que está lendo para você possa
te contar sobre um momento em que ela escolheu
acreditar nas promessas de Deus.

DIA
4

DIA

5

Maria está Esperando um Bebê

Na verdade, esta é uma má notícia e, em breve, todos na cidade saberão.

Maria acaba de me dizer que está esperando um bebê. Eu não posso acreditar. Como ela pode ter um bebê com outra pessoa? Apesar disso, acredito que devemos estar juntos. Tudo está planejado para nos casarmos, mas agora ela está esperando um bebê. Eu não sei o que devo fazer agora. Eu poderia conversar com os pais dela sobre isso e talvez possamos encontrar uma maneira de sair dessa situação. Todos vão falar sobre como não pudemos esperar até sermos marido e mulher. Mas não é meu bebê. Por que eu ainda deveria me casar com ela?

Eu não posso contar aos líderes da nossa cidade, porque eles vão castigá-la por não cumprir o acordo de não ter um bebê com outra pessoa. Eles podem até matá-la. Eu ouvi falar de outras pessoas com quem isso aconteceu. Eu não quero que isso aconteça com Maria, mas por que ela decidiu ter um bebê sem mim?

Isso é um desastre. Talvez eu pudesse simplesmente desaparecer e deixar Maria com seus pais. E ela poderia explicar essa situação que nos trouxe. Talvez seja isso que eu deva fazer. Dessa forma, ninguém será castigado.

CONVERSE SOBRE ISSO

Você acha que é fácil falar a verdade?
É melhor fugir de um problema e esperar que
as coisas melhorem por conta própria?
Talvez a pessoa que está lendo para você possa compartilhar
sobre algum dilema assim em sua própria vida.

A Explicação de Maria

Eu já te contei a explicação de Maria sobre como ela está esperando um bebê?

Maria disse que antes de ir à casa de Isabel ajudar com o bebê, um anjo veio e a visitou. Ela disse que esse anjo lhe contou que ela também teria um bebê, um menino. E que ela deveria chamá-lo de Jesus e ele seria chamado Filho do Altíssimo, e que ele seria um rei do trono de Davi - o rei ao qual tanto a minha família quanto a família de Maria se conectam novamente. Mas o anjo também lhe contou que este bebê seria um rei tão grande que ele reinaria para sempre.

Naquele momento, eu já não tinha mais tanta certeza se eu podia acreditar na Maria, a única pessoa com quem eu queria ter uma família. Mas a coisa mais incrível é que Maria disse que perguntou ao anjo como tudo isso poderia ser possível porque ainda não éramos casados. E o anjo disse à Maria que o Espírito Santo se certificaria de que haveria um bebê crescendo dentro dela. Eu não conseguia acreditar nisso.

Maria me perguntou o que eu acho que ela deveria ter feito. Ela disse que só respondeu dizendo ao anjo que era serva de Deus e que acontecesse como ele lhe dissera. Eu acho que não respondi nada. O que eu poderia falar?

CONVERSE SOBRE ISSO

Você já teve algum sonho com Deus ou com os anjos?
Talvez a pessoa que está lendo para você possa
contar uma história de como Deus a conduziu.

José Obedece

Sabe de uma coisa? Anjos existem! Ontem à noite fui para a cama depois de fazer as malas e me preparar para desaparecer. Enquanto eu dormia, um anjo falou comigo e disse que eu, um filho de Davi, não deveria ter medo de ficar com Maria, e que eu deveria ir em frente e me tornar seu marido. O bebê que ela está esperando é do Espírito Santo, e eu deveria dar ao menino o nome de Jesus, porque ele salvará o seu povo dos pecados deles.

Isso foi muito assustador. Eu não quero ser como o marido de Isabel, não acreditar, e de repente talvez perder minha voz ou algo assim.

Bem, o mais incrível foi o que o anjo disse no final. Ele disse que o nome do bebê deveria ser Jesus porque ele salvará seu povo dos pecados deles. Isso só poderia significar que este bebê será o Salvador prometido, aquele que será como Moisés, salvando seu povo do país onde foram escravos e levando-os para a terra prometida. Da mesma forma, este menino Jesus nos livrará dos nossos pecados!

Se essas palavras forem verdadeiras, o bebê de Maria será o profeta e Salvador que todos estamos esperando desde o início deste mundo, já prometido por Deus no jardim do Éden!

CONVERSE SOBRE ISSO

Você sabe o que significa pecado?
Por que é importante que alguém o salve do pecado?
Talvez a pessoa que está lendo para você
possa te ajudar a entender.

Ouvindo e Obedecendo

Eu fiz isso. Eu falei com a Maria. Contei a ela sobre o anjo que eu vi e o que ele me disse. E que acredito nela agora.

Maria ficou muito feliz em saber que eu acredito nela e que podemos nos casar. Este será um momento muito especial para nós. Nós vamos comemorar por uma semana inteira, pois é como nosso povo celebra um casamento. E então Maria e eu seremos oficialmente marido e mulher. Dessa forma, nosso bebê terá um pai e Maria terá um marido e as pessoas não terão mais por que falar mal dela.

Embora que as pessoas ainda possam falar, por enquanto, vamos nos preparar para o nosso casamento. Há muito o que fazer. Precisamos providenciar a comida para comer e o vinho para beber, o suficiente para todos esses dias. Precisamos de músicos que toquem para podermos dançar. E eu preciso preparar minha casa para que Maria possa vir morar comigo.

Este será o começo da nossa família. Como eu disse, preciso obedecer ao anjo. Não quero perder a voz como o marido de Isabel. É melhor eu acreditar, obedecer e fazer exatamente como o anjo me disse.

CONVERSE SOBRE ISSO

Você gosta de obedecer e fazer como é mandado, mesmo que isso não pareça uma coisa boa para você naquele momento? Talvez a pessoa que está lendo para você possa compartilhar sobre um momento em que ela escolheu obedecer, mesmo que fosse difícil.

DIA
8

Notícias de Roma

Nós nos casamos! Mas algo está acontecendo. Soldados de Roma chegaram à cidade. Eles trouxeram notícias de César Augusto, seu líder. Foi ele quem enviou esses soldados para nos forçar a ouvir.

Eu fui ao centro da cidade para ouvir mais detalhes sobre as notícias. Normalmente, as notícias vindas de Roma não são boas. Eles quase sempre querem mais dinheiro ou mais da comida que plantamos. Bem, desta vez eles estavam falando sobre uma nova ideia que César Augusto teve. Todo mundo tem que ir para a cidade de onde sua família é para que Roma possa contar quantas pessoas estão vivendo em seu reino.

Isso é loucura! Esse tipo de ação pode trazer problemas. Uma vez, o rei Davi queria saber quantos homens viviam em seu reino. Depois que ele contou o número de homens, Deus trouxe um castigo sobre o povo e muitos morreram. Deus daria a vitória sobre seus inimigos, não importando o número em que estavam. Portanto, o rei nunca deveria contar quantos combatentes havia em seu reino, mas sempre confiar na força de Deus.

As ordens de César Augusto são um problema para nós. Nosso antepassado, o rei Davi, não é daqui desta cidade. Somos de Belém, então agora temos que ir até Belém antes que Maria tenha o bebê.

CONVERSE SOBRE ISSO

Você sabe de onde veio sua família e por que sua família vive onde ela vive agora? Talvez a pessoa que está lendo para você possa te ajudar a responder essa pergunta.

Caminhada até Belém

Conversei com Maria e, como eu havia previsto, foi difícil para ela aceitar que temos que caminhar até Belém. Eu não precisava dizer a ela o porquê. Ela sabia que tínhamos que ir, porque se não o fizéssemos por bem, os soldados nos obrigariam a ir do mesmo jeito. E ela também sabia que não tínhamos tempo a perder, tínhamos que ir logo, porque o bebê poderia nascer na estrada se esperássemos muito tempo.

Eu entendo por que Maria estava chateada com tudo isso. Eu também não gosto da ideia de que temos que caminhar até Belém só porque César Augusto quer saber quantas pessoas vivem em nossa terra que ele afirma ser dele.

O que ajudou Maria é que eu disse que faria tudo o que pudesse para que a viagem desse certo. Eu disse a ela que organizaria essa jornada, e até mesmo procuraria por um jumento. Não tenho certeza se encontrarei alguém que nos dê ou empreste um jumento para nossa jornada. Os jumentos são realmente importantes e é difícil comprar um e ainda mais difícil encontrar alguém que empreste um.

Mas vai dar tudo certo porque este bebê é de Deus, então Deus nos dará o que precisamos para chegar a Belém. Na verdade, quem mencionou isso foi Maria. Eu a admiro por sua fé.

CONVERSE SOBRE ISSO

Talvez a pessoa que está lendo para você possa te contar sobre um momento da sua vida em que teve que fazer algo que parecia impossível.

DIA

10

Procurando um Lugar

Chegamos em Belém! Essa foi realmente uma viagem bem interessante. E nós nem sabemos quanto tempo devemos ficar por aqui, mas provavelmente ficaremos por um bom tempo. Lá na nossa cidade, as pessoas não estão falando tão bem de nós, porque Maria já estava esperando um bebê antes de nos casarmos. Mas aqui ninguém sabe, e ninguém precisa saber. Somos casados e temos família aqui em Belém.

Na viagem, quase não tivemos problemas no caminho. Sabíamos que precisávamos de mais tempo do que o normal para caminhar até Belém. Havia muitas pessoas na estrada por causa dessa nova lei de que todos têm que ir para o lugar de onde suas famílias são. Algumas pessoas caminharam conosco por um tempo e algumas delas nos ajudaram a carregar algumas coisas por alguns quilômetros. O mais legal é que para cada noite, encontramos um lugar para ficar. Eu sabia que seria um desafio caminhar com Maria até aqui por causa do bebê, mas conseguimos. Só tivemos que ir mais devagar do que estávamos acostumados.

A maior surpresa foi quando chegamos a Belém. Tem muita gente aqui. E como eu disse antes, minha família é grande, e as pessoas estão acostumadas a receber a família e abrir espaço para mais pessoas.

CONVERSE SOBRE ISSO

Você conhece alguém que estava procurando um lugar para morar e como essa pessoa encontrou esse lugar?
Talvez a pessoa que está lendo para você possa contar uma história sobre quando alguém a ajudou.

A Torre do Rebanho

Encontramos um lugar para ficar em Belém! Sou grato, por estar com nossos parentes. Porém percebo agora que o bebê está querendo nascer, e não podemos tê-lo com todas as pessoas hospedadas na mesma casa.

Em nossa cultura, todos os que estiverem perto de uma mulher que deu à luz se tornam impuros. Tornar-se impuro significa que você não pode participar de celebrações ou de reuniões. Por isso, vou perguntar aos pastores fora de Belém se podemos ter o bebê em uma sala na torre do rebanho. É uma sala no andar térreo de uma torre que tem vista para a área onde todas as ovelhas estão comendo.

Nessa sala, os pastores trazem todas as ovelhas que estão prestes a ter cordeirinhos. Quando as ovelhas dão à luz aos seus cordeiros, os pastores seguram os cordeiros antes que eles atinjam o chão. Eles os embrulham em panos e os colocam na manjedoura, para que não se machuquem. Eles precisam se certificar de que o cordeiro não fique arranhado e permaneça perfeito. Então, os sacerdotes do templo vêm escolher o cordeiro perfeito para um sacrifício. É por isso que essa sala é sempre mantida muito limpa.

CONVERSE SOBRE ISSO

Tantas coisas têm significado. Existe algo que você faz porque tem um significado especial, como orar antes de ir para a cama ou para a escola? Talvez a pessoa que está lendo para você possa explicar alguns desses rituais significativos.

O Nascimento de Jesus

Os pastores concordaram com nosso plano! Eles entenderam nossa situação e não se opuseram.

Maria e eu estamos agora em uma sala em uma dessas torres. A sala é bem limpa! Os pastores têm todo um sistema para manter o local aquecido aqui. Na verdade, eu já havia preparado o local por alguns dias, e agora trouxe Maria, pois ela começou a sentir o bebê querendo nascer. Mas esqueci de trazer qualquer coisa na qual enrolar o bebê. Espero que Maria tenha trazido os panos que ela preparou para envolver o bebê. Mas se ela esqueceu, há muitos outros panos limpos aqui que podemos usar. Eu estou chateado comigo mesmo. Eu deveria ter pensado neles. Ela trabalhou tão dedicadamente em preparar e decorar os panos com os símbolos de nossa tribo de Judá. Eles são realmente lindos.

Ah, espere, está acontecendo! Maria está chamando! O bebê está nascendo!

Uau! Que pequenino! Eu havia esquecido como um bebê é pequeno. Isso é inacreditável! Enrolei-o em panos e ele adormeceu logo depois de mamar. Eu o coloquei na manjedoura agora, onde ele está seguro e protegido.

CONVERSE SOBRE ISSO

Alguém já te contou como foi quando você veio a este mundo?
E talvez até que horas você nasceu?
Talvez a pessoa que está lendo para você
possa te contar esses detalhes.

Os Pastores Encontram Jesus

Tive muita dificuldade em pegar no sono ontem à noite. Primeiro, eu estava superanimado e agitado com o nascimento do nosso filho e, segundo, Maria precisava descansar e procurei dar a ela o máximo de espaço possível.

E então algo inacreditável aconteceu! Pensei que ficaríamos bem dormindo a noite toda e apenas alimentando nosso filho de vez em quando. Mas no meio da noite, depois de colocar nosso bebê de volta na manjedoura, ouvi muitas vozes vindo em nossa direção. Saí para verificar e de repente fui cercado por muitos pastores.

Eu não sabia como eles tinham ouvido sobre o nascimento do nosso bebê, mas aqui estavam eles, apressados para conhecê-lo como se fosse o bebê deles próprios. Eles disseram que vieram ver Cristo, o Senhor, seu Salvador, e insistiram em ver o bebê e adorá-lo. Então eu os deixei entrar e colocar uma luz sobre a cabeça do nosso filho.

E então, os pastores começaram a orar e dizer que era verdade o que os anjos haviam dito. Não tenho certeza do que eles estavam falando, mas deixei que falassem. Eles ficaram agradecidos porque o seu Salvador finalmente havia chegado e que eles foram os primeiros a vê-lo.

Ah, eu tenho que ir! Nosso filho está chorando. Eu vou te contar sobre os anjos amanhã.

CONVERSE SOBRE ISSO

Uau, os pastores encontraram Jesus! Você fica feliz quando finalmente encontra algo que estava procurando?
Talvez a pessoa que está lendo para você possa dizer como ela encontrou a Jesus ou como você também pode encontrar Jesus.

DIA
14

DIA
15

Os Pastores e os Anjos

Inacreditável! Os pastores me contaram sobre anjos vindo até eles no meio da noite. Bem, pastores de ovelhas tendem a contar histórias para passar o tempo. Mas nem todos os pastores são assim. Há muito tempo, meu antepassado, o rei Davi, também era um pastor de ovelhas aqui. Davi amava cantar enquanto cuidava das ovelhas.

Os pastores disseram que a razão pela qual vieram ver Jesus é que, enquanto atendiam as ovelhas, do nada um anjo apareceu. Eles ficaram com medo ao ver um anjo assim, bem na frente deles.

Então o anjo disse a eles que não precisavam ter medo. O anjo estava trazendo boas novas de grande alegria para todo o povo: O Salvador havia nascido para eles na cidade de Belém, - o Messias, o Senhor. E o anjo deu-lhes um sinal para saberem qual bebê era: ele estaria envolto em panos e deitado em uma manjedoura.

Foi o que o anjo disse e é por isso que os pastores tinham tanta certeza de que era nosso filho, porque o embrulhamos em panos e o deitamos em uma manjedoura. Então os pastores disseram que, de repente, havia muito mais anjos que começaram a cantar.

Eles cantaram: "Glória, glória nas maiores alturas e paz na terra ao povo sobre o qual repousa o seu favor."

CONVERSE SOBRE ISSO

A mensagem aos pastores foi uma notícia muito importante! Talvez a pessoa que está lendo para você possa contar como ela recebeu uma mensagem importante e como isso a fez se sentir.

Os Pastores e o Cordeiro Pascal

O anjo também disse aos pastores: "O Salvador nasceu para vocês na cidade de Belém. Ele é o Messias, o Senhor." Os pastores entenderam que havia um grande significado nessas palavras.

Como o anjo mencionou que o Salvador estaria envolto em panos e deitado em uma manjedoura, os pastores lembraram dos seus próprios cordeiros, que nasceriam bem aqui nesta sala, e lembraram de como todos os anos o Sumo Sacerdote do templo vem escolher o cordeiro perfeito para ser o Cordeiro Pascal.

Na festa da Páscoa, nós lembramos da última noite que nosso povo passou no Egito, onde haviam sido escravos. Naquela noite, foi pedido que todos separassem um cordeiro perfeito para ser morto, e que colocassem o sangue do cordeiro nos batentes das portas, e preparassem o cordeiro para ser comido. Um anjo então passou por todas as casas que não tinham o sangue sobre a porta, e trouxe a morte ao filho primogênito daquelas casas. É também por isso que nossos antepassados puderam deixar o Egito, porque até o filho do rei do Egito morreu.

É uma história terrível. Mas ainda lembramos dessa história todos os anos, porque Deus salvou o meu povo. O sangue dos cordeiros salvou os filhos mais velhos do nosso povo no Egito, e agora há um outro Salvador envolto em panos, mas desta vez não é um cordeiro, e sim um pequeno ser, um bebê.

CONVERSE SOBRE ISSO

Você às vezes se pergunta por que costuma fazer certas coisas, como por exemplo, acender velas durante o Natal? Talvez a pessoa que está lendo para você também tenha outros exemplos para contar.

DIA
16

Os Pastores Seguiram o Chamado

Os pastores apareceram no meio da noite em nossa casa e queriam ver Jesus. Eles viram Jesus na manjedoura, envolto em panos, da mesma forma como seus cordeiros geralmente são colocados lá. E então eles se ajoelharam e agradeceram a Deus por enviar nosso filho, o Salvador deles.

Depois que os pastores foram embora, eles contaram à todas as pessoas sobre o encontro que tiveram com o Salvador. Eles ainda estão contando a todos sobre os anjos que vieram e a mensagem que receberam. Eles falaram a todos sobre o Cordeiro Pascal e qual a relação disso com o nosso bebê.

Os pastores também começaram a falar sobre as Escrituras que conhecemos, como a parte que diz que o profeta que todos estamos esperando fará mais milagres do que Moisés. Então, eles começaram a falar sobre uma canção que o rei Davi escreveu, onde ele canta sobre o Salvador ser como uma árvore plantada junto a riachos de água, que produz seus frutos na estação e cuja folha não murcha. Que tudo o que ele fizer prosperará, e ele será forte e corajoso, e ele construirá um novo reino.

Todas as Escrituras falam sobre a vinda de um Salvador. O que acontecerá se esses pastores não pararem de falar? Talvez todos comecem a pensar que os pastores são loucos e nem os ouçam mais.

CONVERSE SOBRE ISSO

Você já ouviu notícias tão maravilhosas que não conseguia parar de falar sobre isso e de agradecer a Deus por isso? Talvez a pessoa que está lendo para você possa compartilhar sobre uma ocasião assim.

A Marca

Nosso filho agora tem sete dias e estamos nos preparando para um dia especial que será amanhã. Vamos circuncidar nosso bebê no dia em que ele tiver oito dias de vida. Eu sei que circuncidar é uma palavra estranha. Ela significa que nosso filho terá uma marca que mostrará a ele que ele pertence ao nosso povo, o povo que Deus escolheu. Teremos que cortar fora um pouquinho da pele. Dessa forma, nosso filho sempre se lembrará.

Não que ele vá se lembrar desse dia exato, mas ele saberá quando vir a pele faltando que ele pertence ao nosso povo. Este é o sinal que Deus queria que Abraão, o pai do nosso povo, tivesse, e também todos os seus filhos, para que soubéssemos que pertencemos a Deus. Somente os meninos terão esse sinal.

Nesse momento, também damos aos meninos o nome deles. O anjo nos disse que devemos dar ao nosso filho o nome de Jesus, porque ele salvará o seu povo dos pecados deles. Parece que Jesus fará uma grande diferença na vida das pessoas - não cortando alguma pele - mas mudando o coração das pessoas quando ele as salva de seus pecados. E nesse momento, não será apenas para os meninos, mas para todas as pessoas!

CONVERSE SOBRE ISSO

Você conhece alguma celebração especial que é feita quando um bebê recebe seu nome ou na época em que um bebê nasce? Talvez a pessoa que está lendo para você possa compartilhar como o teu nome foi escolhido.

Apresentando Jesus no Templo

Nós fomos ao templo na cidade de Jerusalém para fazer uma oferta, para que então Maria pudesse ser considerada limpa novamente. Oferecemos um par de pombas, pois não tínhamos um cordeiro para oferecer. Também pagamos cinco siclos de prata porque Jesus é o nosso primeiro filho.

Há muito significado ligado a um filho primogênito. Ele pertence a Deus, e devemos dar algo por ele no templo. Também devemos nos lembrar da época em que todos aqueles filhos primogênitos morreram no Egito antes de nossos pais partirem de lá. Os egípcios não obedeceram a Deus quando ele pediu que colocassem o sangue do cordeiro nos batentes das portas.

Quando estávamos no templo, havia um senhor e uma senhora idosos que falaram conosco. Deus havia prometido àquele idoso, Simeão, que antes de morrer, ele veria o Salvador. Simeão disse algo que deixou Maria e eu pensando. Ele disse que Deus agora permitiria que ele morresse, porque ele finalmente viu a salvação do pecado que Deus havia preparado para todos os povos - tanto para o povo de Israel quanto para todas as outras nações.

Agora que Maria já está considerada limpa, podemos voltar para Belém. Estou curioso para ver o que mais vai acontecer e quem mais vamos encontrar!

CONVERSE SOBRE ISSO

Você sabe que há um propósito para cada pessoa que vive nesta terra, como Simeão descreveu o propósito de Jesus? Talvez a pessoa que está lendo para você possa te ajudar a encontrar esse propósito.

Os Magos Chegam

Jesus está prestes a começar a andar agora e, outro dia, uma grande multidão chegou a Belém. Esses que chegaram me disseram que vieram do Oriente - uma terra distante - para adorar o rei e sabiam que o rei estava aqui por causa da estrela que os guiou até à minha casa.

Quando ouvi isso, lembrei-me também daqueles pastores que tinham vindo quando Jesus nasceu. Eu me pergunto quem será o próximo a vir e adorar Jesus!

Todos aqueles visitantes vieram à nossa casa porque realmente queriam ver nosso filho Jesus, e sabe de uma coisa? Eles começaram a adorar Jesus, assim como os pastores tinham feito!

Talvez precisássemos ser lembrados de quem nosso filho Jesus realmente é. Esses homens que chegaram são realmente muito importantes. Eles são homens sábios, chamados magos, que ajudam seu rei a tomar boas decisões. É por isso que eles vieram com soldados e várias outras pessoas que os ajudam.

Uma viagem como essa não acontece por acaso. Esses homens vieram porque o rei deles permitiu e viu isso como algo importante. E tudo isso por causa de uma estrela que eles nunca tinham visto antes. Esta estrela era tão importante que eles tiveram que procurar o seu significado. E é por isso que eles estão aqui.

CONVERSE SOBRE ISSO

O nascimento de uma criança é sempre algo para ser comemorado. Talvez a pessoa que está lendo para você possa te dizer quem veio te ver quando você nasceu.

DIA
20

A Estrela

Perguntei a esses magos sobre aquela estrela porque conheço a história da estrela de nosso pai Abraão. Deus disse ao nosso pai Abraão que seus filhos um dia seriam tantos quanto as estrelas no céu. E agora uma daquelas estrelas é muito especial para esses sábios!

Os magos viram aquela estrela especial no céu e notaram que não era como qualquer outra estrela. Era uma estrela muito especial que eles nunca tinham visto antes. Então, eles começaram a ler todos os tipos de escritos para saber se o aparecimento de uma estrela como aquela era mencionada.

Um dia, eles se depararam com os escritos de nosso povo e lá encontraram este texto: 'Uma estrela sairá de Jacó e um cetro se levantará de Israel'. É por isso que eles começaram a pensar em Israel. Então eles leram que Judá será a tribo de Israel que segurará o cetro, o que significa ser um rei. Logo depois que eles entenderam tudo isso, eles se prepararam para viajar para Jerusalém porque aquela cidade é a capital de Judá.

Os magos me disseram que, quando saíram de Jerusalém, eles viram a estrela novamente, a mesma estrela que tinham visto em seu país. A estrela os estava guiando diretamente para cá. Eles vieram à nossa casa por causa da estrela.

CONVERSE SOBRE ISSO

Não é interessante o que pode nos levar a conhecer alguém especial como Jesus? Talvez a pessoa que está lendo para você possa te contar a história de como ele ou ela encontrou alguém ou algo especial.

Os Presentes

Os magos me disseram que nada como esta estrela havia jamais sido relatado e que ver tal estrela é como ver um milagre. Para eles, fazia sentido que essa estrela estivesse anunciando um rei - ou até mais do que um rei.

É também por isso que eles nos trouxeram três presentes especiais. O primeiro presente foi ouro, que é um presente para um rei. O segundo foi o incenso, que os sacerdotes usam no templo para uma oferta de comida, que dá à oferta um aroma agradável a Deus. E, em terceiro, eles trouxeram mirra. Não tenho certeza por que eles trouxeram esse presente para ele. Geralmente é usado para colocar em pessoas quando elas morrem e vão ser colocadas em uma sepultura.

Os magos vieram de muito longe e levaram muitos dias para chegar aqui. Preparar-se para a jornada e ter soldados suficientes para proteção e ajudantes para esses homens não é algo pequeno para o rei permitir, mas os magos só precisaram contar ao rei sobre aquela estrela milagrosa. Os magos vieram e deram a Jesus esses presentes especiais, insinuando o que o futuro traria para a vida de Jesus.

CONVERSE SOBRE ISSO

Você sabia que provavelmente é por causa desses homens sábios que costumamos dar presentes uns aos outros na época do Natal? Os presentes dos homens sábios tinham muito significado. Os teus presentes têm significado também? Talvez a pessoa que está lendo para você possa ajudá-lo a trazer significado aos presentes que você dá.

DIA
22

Herodes

Os magos não vieram diretamente para Belém. Eles pararam em Jerusalém primeiro, e acho que foi porque é onde todos os nossos reis viveram ao longo do tempo.

Eles me disseram que foram direto a Herodes, o rei desta região, e lhe perguntaram sobre o bebê que havia nascido. Não há ninguém que Herodes permitiria ser rei além de si mesmo, e esses homens importantes vieram até aqui, sugerindo que havia outro rei.

Então, o rei Herodes ficou zangado e chamou alguns dos mestres que ensinam as Escrituras para nós e perguntou se há algo escrito que fale sobre onde o Cristo nasceria e nossos mestres disseram a ele que está escrito que Belém, na terra de Judá, é uma cidade importante porque dela virá um rei que será o pastor do povo de Deus. Isso foi escrito por um homem chamado Miquéias, setecentos anos antes de Jesus nascer.

Herodes conversou com os magos em particular e perguntou quando a estrela apareceu pela primeira vez. Ele pediu que voltassem depois que encontrassem Jesus, para que ele também pudesse ir e trazer presentes para ele. Será que Herodes realmente virá ver Jesus também?

CONVERSE SOBRE ISSO

Você acredita facilmente em profecias como a de Miquéias? As palavras de Miquéias foram escritas setecentos anos antes. Talvez a pessoa que está lendo para você também possa compartilhar com você sobre promessas que estão escritas nas Escrituras.

Sonhos

Os magos estão fazendo as malas e logo vão embora. Eles acabaram de me dizer que tiveram um sonho. Eles viram isso como um aviso para não voltar a Herodes para contar onde ele poderia encontrar Jesus.

Herodes deixou muito claro que queria saber onde o bebê real tinha nascido e deu a esses homens sábios a missão de trazer a ele todas as informações sobre o bebê que encontrassem.

Eu também tive um sonho. Um anjo falou comigo e disse: "Você precisa escapar. Levante-se e leve Jesus e Maria para o Egito. Fique lá até que eu diga para você voltar, porque Herodes vai procurar Jesus para matá-lo."

Maria, Jesus e eu estamos indo para o Egito imediatamente. Não vamos contar a ninguém. Nós devemos fugir rápido. Estou feliz que os magos deram todos esses presentes. Esses presentes nos ajudarão enquanto tentamos nos esconder no Egito. Isso é quase como Abraão ou Jacó e sua família, que foram ao Egito para sobreviver.

Talvez a razão de termos que ir ao Egito seja por causa dessas Escrituras, como a que diz que Deus chamará seu filho do Egito. Essas palavras são do profeta Oséias, também escritas cerca de setecentos anos antes de Jesus nascer.

Espero que ninguém saiba que estamos indo para o Egito.

CONVERSE SOBRE ISSO

Fugir não é divertido. Você já fugiu de alguém? Talvez a pessoa que está lendo para você possa compartilhar sobre uma situação como essa.

DIA
24

DIA
25

De Volta à Cidade

Ficamos no Egito por muito tempo, mas agora estamos de volta a Israel.

Você pode se surpreender ao saber que estamos em Nazaré e não em Belém. Bem, Belém passou por um momento difícil por causa de Herodes depois que fugimos, e nós realmente não queríamos ser um lembrete daquela época. Além disso, onde estamos agora não é na mesma área que o filho do rei Herodes governa. Ele se tornou rei sobre a mesma área depois que seu pai morreu. Mais importante ainda, é por causa de um aviso de um anjo que nos estabelecemos aqui e não em Belém.

Enquanto ainda estávamos no Egito, um anjo me disse para voltarmos para casa. Ele disse: 'Levante-se, pegue a criança e sua mãe e volte para Israel'. Não sabíamos que Herodes havia morrido, mas tínhamos que fazer o que o anjo nos disse. Quando cheguei perto de Belém, soube que o filho de Herodes agora era rei e fiquei com muito medo. Então, um anjo nos avisou novamente que voltássemos aqui para Nazaré.

Que jornada, começando em Nazaré com um anjo falando com Maria e agora voltando para Nazaré porque um anjo nos disse para fazer isso. Acho que há uma razão para isso, talvez outra profecia sobre Jesus, o Salvador. É inacreditável quantas profecias existem que falam sobre a vinda do Salvador. Acho que um professor me disse que existem entre 350 a 500 profecias. Vamos ver se todas se tornam reais. Não é de admirar que Deus tenha que enviar anjos para garantir que tudo aconteça exatamente como está escrito. É também por isso que podemos confiar nas coisas escritas nas Escrituras!

CONVERSE SOBRE ISSO

Crer que Jesus é o Salvador, prometido há muito tempo, não foi fácil naquela época e não é fácil hoje. Você quer conhecer Jesus? Talvez a pessoa que está lendo para você possa te ajudar. Se ninguém puder te contar sobre Jesus, apenas peça a Deus para te ajudar a conhecer seu filho Jesus. Ele te enviará alguém que te ajudará.

Conclusão

Jesus voltou do Egito para Israel. Quando ele tinha cerca de trinta anos de idade, começou um ministério proclamando que o Reino de Deus havia chegado. Ele andou, pregou e fez muitos milagres, então o povo começou a acreditar que ele era o profeta prometido, o profeta que era como Moisés.

Jesus ensinou doze homens bem intimamente sobre os textos dos judeus e tudo o que precisava acontecer. Ele explicou a eles que tudo o que estava escrito nas Escrituras deveria acontecer. Está escrito que o Salvador sofrerá e ressuscitará dos mortos ao terceiro dia e pregará em seu nome a todas as nações, começando por Jerusalém.

Outro autor chamado Paulo escreveu a um jovem chamado Timóteo que as Escrituras, que ele conhecia desde a infância, o ajudaram a ver como ele poderia ser salvo pela fé em Cristo Jesus.

Jesus veio para que todos pudéssemos ser salvos, entender o grande plano de Deus, e crer em Jesus, seu filho. Devemos pedir a Deus Pai que nos ajude a entender, através dos textos das Escrituras, por que Jesus teve que vir e por que ele é a nossa salvação. Jesus é o Filho de Deus e disse que é o único caminho para Deus, seu Pai, e quem crê nele terá a vida eterna.

Obrigado pela leitura. Que Deus o Pai te atraia a Jesus para que você possa crer, receber o Espírito Santo e ter a vida eterna com o Pai no céu. Nos vemos lá!

Notas

DIA 1: José
+ **Mateus 1:1–17** mostra a linha prometida através de José.
+ **1 Reis 10:23–29** é uma pequena descrição das riquezas e do poder do rei Salomão.

DIA 2: Maria
+ **Lucas 3:23–38** Acredita-se que seja a genealogia através da linhagem de Maria.

DIA 3: Isabel
+ **Lucas 1:1–23** é o relato do anjo falando a Zacarias no templo.
+ **Lucas 1:36–40** conta como Maria foi ver Isabel, sua prima.

DIA 4: Maria Voltou
+ **Lucas 1:57–66** fala sobre o relato de Zacarias falando novamente.
+ **Gênesis 16:1–2** mostra que Abrão ouviu sua esposa e não acreditou na promessa de Deus como antes.

DIA 5: Maria está Esperando um Bebê
+ **Mateus 1:18–19** mostra que José queria se divorciar de Maria sem que ninguém soubesse.

DIA 6: A Explicação de Maria
+ **Lucas 1:26–39** nos permite ver a visita do anjo a Maria.

DIA 7: José Obedece
+ **Mateus 1:20–23** é o relato do anjo visitando José.
+ **Deuteronômio 34:10–12, Atos 3:22, Atos 7:37** tratam sobre a espera de um profeta maior do que Moisés.
+ **Êxodo 3:6–10, Êxodo 12:50–51, Êxodo 14:28–31, Deuteronômio 34:1–4** são relatos de Moisés sendo usado por Deus para salvar seu povo do Egito e levá-lo para a Terra Prometida.

DIA 8: Ouvindo e Obedecendo
+ **Mateus 1:24–25** mostra que José fez exatamente como o anjo do Senhor lhe ordenou.
+ **João 8:31–42** Os fariseus discutem com Jesus sobre quem é o seu pai e o deles.

DIA 9: Notícias de Roma
+ **Lucas 2:1–3** fala sobre o decreto de César que convocava todos a se registrarem.
+ **2 Samuel 24:10–17** conta o relato sobre Davi contando seus homens de combate contra a vontade de Deus e, em seguida, uma praga mata 70.000 homens da população.
+ **1 Samuel 16:4–13** Davi era filho de Jessé, que morava em Belém.

DIA 10: Caminhada até Belém
+ **Levítico 12:6–8** As pessoas poderiam oferecer duas rolinhas se não pudessem comprar um cordeiro.
+ Lucas 2:24 José e Maria ofereceram duas rolas, o que significa que eles provavelmente eram pobres e não podiam pagar um jumento para montar.

DIA 11: Procurando um Lugar

✦ **Lucas 2:6–7** A palavra "pousada" também pode ser traduzida como "quarto de hóspedes". Faz sentido que, se houvesse família por perto, você sempre ficasse com a família ou amigos da família. Porém não havia lugar separado para José e Maria passarem pelo parto e manterem todas as outras pessoas "limpas".

DIA 12: A Torre do Rebanho

✦ **Miquéias 4:8** menciona a torre do rebanho e que o primeiro domínio para Jerusalém viria a ela.

DIA 13: O Nascimento de Jesus

✦ **Lucas 2:7** menciona o nascimento de Jesus e que o embrulharam em panos e o deitaram em uma manjedoura.

DIA 14: Os Pastores Encontram Jesus

✦ **Lucas 2:15–17** mostra os pastores indo ver Jesus deitado na manjedoura.

DIA 15: Os Pastores e os Anjos

✦ **Lucas 2:8–14** é o relato dos anjos aparecendo aos pastores.

DIA 16: Os Pastores e o Cordeiro Pascal

✦ **Êxodo 12:21–32** conta a história da primeira Páscoa no Egito.

DIA 17: Os Pastores Seguiram o Chamado

✦ **Lucas 2:17–20** podemos ver como todos se perguntavam sobre o que os pastores lhes disseram e que Maria guardava todas essas coisas em seu coração.

✦ **Deuteronômio 34:10–12** fala sobre a espera de um profeta maior do que Moisés.

✦ **Salmo 1** nos permite ver a pessoa perfeita que anda de acordo com as Escrituras.

DIA 18: A Marca

+ **Lucas 2:21** é sobre a circuncisão e o nome de Jesus.
+ **Gênesis 17:9–14** é a ordem de Deus a Abraão para circuncidar toda a sua descendência como um sinal da aliança entre Deus e Abraão.

DIA 19: Apresentando Jesus no Templo

+ **Lucas 2:22–38** fala da visita ao templo para purificação e apresentação do primogênito.
+ **Levítico 12:1–8** é um relato do processo de purificação para que uma mulher seja considerada limpa novamente após dar a luz.
+ **Êxodo 13:11–16, Números 3:11–13** e **Números 18:15–16** nos dizem como o primogênito pertenceria a Deus e precisaria ser resgatado por um preço.

DIA 20: Os Magos Chegam

+ **Mateus 2:1–2** e **2: 9–11a** nos mostram como os magos vieram adorar o rei.

DIA 21: A Estrela

+ **Mateus 2:2** e **Mateus 2: 9–10** contam o relato de como a estrela apareceu.
+ **Gênesis 15:5–6** é o relato de Deus prometendo uma descendência a Abraão como as estrelas no céu.
+ **Números 24:17** fala sobre uma estrela saindo de Jacó e sendo um cetro saído de Israel.
+ **Gênesis 49:10** é a primeira promessa que aponta para Jesus saindo da tribo de Judá.

DIA 22: Os Presentes

+ **Mateus 2:11** descreve os presentes que os magos trouxeram para Jesus.

DIA 23: Herodes

+ **Mateus 2:1–8** conta sobre a conversa entre os magos e o rei Herodes em Jerusalém.
+ **Miquéias 5:2** é a referência que Mateus cita no relato da conversa entre os magos e o rei Herodes sobre onde o Messias nasceria.

DIA 24: Sonhos

+ **Mateus 2:12–15** nos mostra que José e Maria foram com Jesus para o Egito.
+ **Oséias 11:1** é a referência que Mateus usa sobre Deus chamando seu filho do Egito.

DIA 25: De Volta à Cidade

+ **Mateus 2:16–23** nos fala sobre Herodes matando bebês em Belém e sobre José, Maria e Jesus retornando a Nazaré.

CONCLUSÃO

+ **Mateus, Marcos, Lucas** e **João** mencionam sobre o ministério de Jesus.
+ **Lucas 24:44** mostra Jesus ensinando que tudo nas Escrituras deve ser cumprido.
+ **2 Timóteo 3:15** fala sobre as Escrituras que tornam as pessoas sábias para a salvação.
+ **João 3:16** O próprio Jesus declara que quem crê nele terá a vida eterna.
+ **Atos 10:43** explica como todos os profetas testemunham que quem crê em Jesus terá perdão dos pecados por meio dele.

Saiba mais

Para saber mais sobre nossas traduções, encomendar mais livros, doar cópias para refugiados e outros, visite o nosso site:

www.schaeferbooks.com

Obrigado

À minha esposa Bonita,
que plantou a semente.

Às minhas sobrinhas,
que inspiraram este livro.

À Colleen McCubbin e a todos da
Siretona Creative, que me ajudaram
a transformar este livro no que é agora.

À Kyla Wiebe, por sua arte
e paciência com minhas ideias.

Aos meus dois filhos, que me ouviram
ler este livro ao longo dos anos.

Aos amigos e familiares, que foram um
incentivo durante esse processo.

A todos os tradutores e editores que me
ajudaram até agora e me ajudarão a
publicar este livro em outros idiomas.